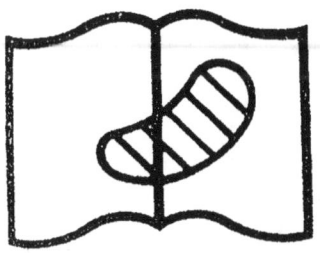

Illisibilité partielle

Valable pour tout ou partie
du document reproduit

Couvertures supérieure et inférieure manquantes

DU COMMENCEMENT DE L'ANNÉE ET DE L'INDICTION EN DAUPHINÉ,

PAR M. A. PRUDHOMME,
ARCHIVISTE DE L'ISÈRE.

Extrait du *Bulletin historique et philologique*, 1898.

I. — DE L'INDICTION.

Avant d'entreprendre une étude sur le commencement de l'année dans une région déterminée, il importe de rechercher préalablement de quelle façon les computistes de cette région ont entendu l'indiction. L'ont-ils fait commencer au 1er septembre, à la mode de Constantinople, au 24 septembre suivant la coutume des empereurs, au 25 décembre ou au 1er janvier conformément à l'usage de la cour romaine? Il est nécessaire d'élucider d'abord cette question, l'indiction étant l'instrument principal à l'aide duquel on peut reconnaître le style adopté par une chancellerie pour le commencement de l'année.

Malheureusement une telle enquête est bien difficile et malgré l'abondance des documents actuellement publiés, les résultats qu'elle donne sont loin d'avoir la précision et la sûreté qu'on désirerait. C'est que, si les documents sont nombreux, tous ne portent pas la mention de l'indiction et, parmi ceux qui la portent, ceux-là seuls sont utiles qui sont datés des trois derniers mois de l'année. Joignez que l'indiction est souvent inconciliable avec les autres notes chronologiques contenues dans le même acte, et partant erronée.

Cette difficulté des recherches et cette incertitude des résultats expliquent que les diplomatistes n'aient pas essayé de tracer la géographie de l'indiction, comme ils ont donné celle des différents modes de commencer l'année usités au moyen âge. « Il serait difficile, a dit l'un d'eux [1], de déterminer avec quelque exactitude l'usage des divers temps, des divers pays, des diverses chancelleries, en ce qui touche les différentes espèces d'indictions, à cause des nombreuses variations et des fréquentes erreurs de calcul. »

Il est superflu de dire que nous n'avons pas la prétention de résoudre un problème que de plus habiles ont réputé presque insoluble; mais il nous a semblé qu'on en pourrait préparer la solution par des études régionales comme celle que nous entreprenons, et que, si nos conclusions n'avaient pas une précision rigoureusement mathématique, elles fixeraient du moins certains points à l'aide desquels d'autres trouveraient peut-être un jour la formule des règles suivies au moyen âge dans l'emploi des diverses indictions.

Reconnaissons d'abord qu'il est impossible de dire d'une façon générale que le Dauphiné a adopté l'une ou l'autre des quatre indictions connues. Même après sa réunion à la France, chaque partie de cette province a conservé des habitudes chronologiques distinctes. C'est pourquoi nos recherches porteront successivement sur chacune de ces parties qui sont : Grenoble et le Graisivaudan, le Viennois et la Terre de la Tour, le Valentinois et le Diois, les Baronnies, le Gapençais, l'Embrunais et le Briançonnais.

A Grenoble et dans le Graisivaudan il faut encore distinguer la chancellerie des évêques et celle des dauphins.

L'éditeur [2] des Cartulaires de Saint-Hugues explique dans une note de son introduction que « l'indiction était comptée en Dauphiné à partir du 1er septembre ». Aucune des mentions chronologiques de ces Cartulaires ne justifie une affirmation aussi absolue en faveur de l'indiction de Constantinople et malgré la rareté des actes qui portent la date de l'indiction dans ce recueil, il en existe au moins un qui la contredit formellement. Et cet acte emprunte une portée spéciale à ce qu'il émane de l'évêque saint Hugues lui-même et qu'il fut rédigé par son scribe ordinaire Amatus. Il est ainsi daté : « Facta carta ista venditionis 3° idus octobris, luna 17°, concurrente

---

[1] A. Giry. *Manuel de Diplomatique*, Paris 1894, in-8°, p. 100.
[2] Marion. *Cartulaires de l'église cathédrale de Grenoble, dits Cartulaires de Saint-Hugues*, Paris, 1869, in-4°. Introduction p.␣␣␣, n. 5.

1°, epacta nulla, anno Incarnationis Dominice 1101° indictione 9°. »
Or toutes ces notes chronologiques concordent [1] avec la date du
13 octobre 1101. L'indiction 9 est bien celle de l'année 1101 et
par conséquent ne s'était pas renouvelée le 1er septembre, non plus
que le 24, du reste. Cet acte est donc daté de l'indiction pontificale
du 25 décembre ou du 1er janvier [2].

L'acte IX du même Cartulaire [3] rédigé par le même scribe, est
daté : « Facta hec carta 9° kal. decembris, anno Dominice incarnationis 1107, indictione I». Or l'indiction I correspondant à
l'année 1108, il suit que, dans cet acte, l'indiction aurait été prise
en septembre; mais rien ne permet de préciser que ce soit plutôt
le 1er que le 24. Il n'y a pas dans ces cartulaires d'autres éléments
d'information, en ce qui concerne le commencement de l'indiction.

Au xiiie siècle, les évêques de Grenoble emploient plus fréquemment l'indiction du 25 décembre. On en trouverait de nombreux
exemples dans le Cartulaire encore inédit de l'évêque Aimon de
Chissé. Un acte du 7 des ides de décembre 1261 [4] est daté de
l'indiction IV, laquelle correspond à l'année 1261. Donc l'indiction
ne s'était pas renouvelée en septembre. La même conclusion ressort d'un autre acte du 6 novembre 1318 [5], indiction I, l'indiction I étant celle de l'année 1318, et des actes ci-après empruntés

---

[1] Sauf l'épacte, qui est celle de 1102; mais certains computistes la faisaient commencer le 1er septembre, suivant l'adage :

Mars concurrentes, september mutat opactas.

(GIRY, *Manuel de Diplomatique*, p. 161.)

[2] Marion. *Op. cit.*, acte XXXII, p. 108. Un autre acte de Saint-Hugues, daté du 6 des ides de septembre, l'an de l'Incarnation 1108, indiction I, constitue encore une preuve contre l'indiction du 1er septembre, l'indiction I correspondant à l'année 1108 (Ul. Chevalier. *Notices sur le Cartulaire d'Aimon de Chissé*, p. 38, n° 115. Cf. Cartulaires de saint Hugues. A. 5, B. 73, C. 74). On pourrait aussi peut-être citer la charte 3 du Cartulaire de Chalais, datée de l'an de l'Incarnation 1117, indiction X, épacte 26. L'indiction est exacte pour 1117, mais l'épacte est celle de 1118. On peut supposer qu'elle a été prise, selon le mode égyptien, au 1er du mois de septembre, et cet acte serait par conséquent des quatre derniers mois de l'année. D'où il suivrait que l'indiction n'y aurait pas été prise en septembre (E. Pilot de Thorey. *Cartulaire de Chalais*, acte 3).

[3] *Ibid.*, p. 87.

[4] Arch. de l'Isère. G. Cart. d'Aimon de Chissé. Cf. Ul. Chevalier. *Notice analytique sur le Cartulaire d'Aimon de Chissé*, p. 13, n° 54. Cf. n° 53.

[5] Arch. de l'Isère. Cart. d'Aimon de Chissé, fol. 409.

au même Cartulaire : n° 80 [1], daté du 4 des calendes de novembre 1255, indiction XIII, cette indiction étant celle de l'année 1255; n° 128 [2], du 13 des calendes de novembre 1266, indiction IX; or, 1266 correspond à l'indiction IX; n° 124 [3], du 8 novembre 1311, indiction IX, laquelle est celle de 1311; n° 146 [4], du 15 octobre 1314, indiction XII, qui est celle de 1314; n° 94 [5], du 10 novembre 1314, indiction XII, qui est celle de 1314.

À dater de cette époque, les évêques de Grenoble, ayant adopté le style de Noël pour le commencement de l'année, employèrent d'une manière à peu près constante l'indiction « cum eodem anno sumpta », c'est-à-dire l'indiction pontificale du 25 décembre.

Les comtes de Vienne et d'Albon, qui prirent dans la suite le nom de dauphins, n'ont pas suivi, avant le xive siècle, des règles chronologiques constantes. Suivant qu'ils avaient recours pour la rédaction de leurs actes à tel ou tel notaire, ou qu'ils les passaient dans l'une ou l'autre des parties de leurs états, ils employaient l'une ou l'autre des deux indictions les plus usitées, celle du 24 septembre ou celle du 25 décembre. Toutefois il semble résulter de l'étude des nombreux actes que nous avons examinés qu'ils employèrent plus fréquemment l'indiction du 25 décembre.

En voici quelques preuves. Un hommage [5] prêté par le comte de Genève à Falque, évêque de Grenoble, et rédigé par un notaire du dauphin Guigue est daté : « Anno 1253, indiction XIIIe, 4° kal. novembris. » Or, à l'année 1253 correspond l'indiction XIII. Un autre acte rédigé à Embrun [7], par ordre du même dauphin, est daté de l'an de la Nativité 1259, le 8 des ides de décembre, indiction II, laquelle correspond à l'année 1259. Un autre acte passé à Briançon pour le même dauphin le 3 « exeunte novembri », de l'an de la Nativité 1259, indiction II [8], confirme la conclusion que l'indiction n'était pas prise au mois de septembre.

En 1290 le bailli du dauphin date, à Grenoble, une sauvegarde :

---

[1] Ul. Chevalier. *Notice analytique*....., p. 29.
[2] *Ibid.*, p. 41.
[3] *Ibid.*, p. 40.
[4] *Ibid.*, p. 45.
[5] *Ibid.*, p. 33.
[6] Arch. de l'Isère. B. 3266.
[7] *Ibid.*
[8] *Ibid.*, B. 3162.

« Anno Domini » 1290, le jeudi après la fête de Sainte-Luce (décembre), « indictione III » ; or l'indiction III est celle de 1290 [1].

D'autre part un acte du mercredi après la fête de Noël 1277 (style de l'Incarnation) porte l'indiction VI, qui est celle de l'année 1278 [2]. Et de même un acte du jeudi après Noël 1293 (style de l'Incarnation) est daté de l'indiction VII, qui est celle de l'année 1294 [3]. Donc l'indiction avait changé avant le millésime de l'année, et très probablement le 25 décembre, si l'on tient compte des preuves négatives que nous avons produites plus haut en faveur de cette date.

Ces preuves négatives pourraient être multipliées. Elles confirmeraient la conclusion formulée par M. l'abbé Ulysse Chevalier dans l'Introduction de l'*Inventaire des Archives des dauphins*, que l'indiction du 25 décembre fut de beaucoup la plus fréquemment adoptée dans la chancellerie des dauphins ; mais avec lui il convient d'ajouter qu'on y trouve aussi, bien que plus rarement, l'indiction du 24 septembre et aussi, mais exceptionnellement, celle du 1er septembre.

De l'indiction du 24 septembre nous pourrions citer quelques exemples empruntés particulièrement au règne de Jean II et de Guigue VII. Un acte de novembre 1315 est daté de l'indiction XIV, qui est celle de 1316 [4], un autre du 1er novembre 1323, indiction VII, qui correspond à l'année 1324 [5], un autre du 22 décembre 1327, indiction XI, laquelle est celle de 1328 [6].

Une vente passée à Montbonnot par Guillaume Albert à Béatrix de Faucigny, et rédigée par le notaire impérial Hugues Chabeuil, est ainsi datée : « Anno Incarnationis 1296, scilicet 8° idus novembris, indictione X*, scilicet ipsa indictione mutata 8° kal. octobris* [7]. »

De l'indiction du 1er septembre nous pourrions citer un acte daté du 10 des calendes d'octobre 1276 indiction V. Or, l'indiction IV étant celle de 1276, il en résulte qu'elle avait changé avant le 22 septembre, et par conséquent le 1er [8].

---

[1] Arch. de l'Isère. B. 2947, fol. 39.
[2] Ul. Chevalier. *Invent. des Arch. des dauphins de Viennois*, Lyon, 1871, n° 1208.
[3] *Ibid.*, n° 1165.
[4] Valbonnais. *Hist. de Dauphiné*, t. II, p. 162.
[5] Valbonnais, t. II, p. 197.
[6] *Ibid.*, t. II, p. 207.
[7] Arch. de l'Isère. B. 3319. Ce même notaire a rédigé d'autres actes dans la région datés de la même indiction du 24 septembre.
[8] Ul. Chevalier. *Invent. des arch. des dauphins*, n° 1103.

A l'avènement d'Humbert II ces indictions exceptionnelles deviennent de plus en plus rares, en même temps que se fixe l'usage de commencer l'année au 25 décembre, et l'indiction pontificale, «cum eodem anno sumpta» règne enfin sans conteste dans la chancellerie des dauphins comme dans celle des évêques de Grenoble.

Dans le Viennois et La Terre de la Tour, des documents très anciens sembleraient prouver que l'indiction employée n'était pas celle de septembre. Le concile de Mantaille est daté de l'an de l'Incarnation 879, le 15 octobre, indiction XII [1]. Or l'indiction XII correspondant à l'année 879, il suit qu'elle n'était pas prise au mois de septembre, à moins que le style de l'Incarnation ne soit entendu dans cette date suivant le mode Pisan.

L'acte 66ᵉ de l'appendice au *Cartulaire de Saint-André-le-Bas de Vienne* est daté de l'an de l'Incarnation 1091, indiction XIV, épacte 28, concurrent 2, le 5 des ides de septembre, férie 3, lune 23. Toutes ces notes chronologiques conviennent exactement au 9 septembre 1091 et écartent toute hypothèse de style pisan. Or l'indiction XIV est bien celle de 1091; donc l'indiction n'avait pas commencé le 1ᵉʳ septembre [2].

Un acte de 1257, le 1ᵉʳ décembre, passé à Vienne, dans la chapelle de l'archevêque, porte l'indiction XV, qui est encore celle de 1257 [3]. Un acte de Bernard, archevêque de Vienne est daté du 16 octobre 1329, indiction XII, laquelle correspond à l'année 1329 [4].

Ces actes ne prouvent pas que l'indiction en usage à Vienne ait été celle du 25 décembre. En ce qui concerne le concile de Mantaille, il est possible que, suivant un usage constaté à l'époque carolingienne et dont nous retrouvons des traces nombreuses en Dauphiné, l'indiction y ait été prise au 25 mars avec le commencement de l'année.

L'acte 91 n'écarte que l'indiction du 1ᵉʳ septembre et laisse possible celle du 24. Quant aux deux autres actes que nous avons

---

[1] Marion. *Cartulaire de Saint-Hugues*, p. 265.
[2] Ul. Chevalier. *Cartulaire de Saint-André le-Bas, de Vienne*, Vienne, 1869, in-8°, p. 277.
[3] Arch. de l'Isère. B. 3162.
[4] *Ibid.* Série G. Fonds de l'archevêché de Vienne.

cités ils prouvent indiscutablement l'emploi de l'indiction pontificale du 25 décembre.

Cependant il semble que cette dernière indiction ait été plutôt exceptionnelle dans la région viennoise, et des actes nombreux permettent de croire que l'indiction du 24 septembre y était plus fréquemment employée. Et cela s'explique par le voisinage de Lyon, où cette indiction était de règle [1].

Voici quelques exemples de l'indiction du 24 septembre recueillis dans des actes passés à Vienne et dans la Terre de la Tour.

L'acte par lequel la dauphine Anne céda le Dauphiné à son fils Jean fut passé à Vienne en présence de l'archevêque. Il porte la date du 5 des ides de décembre 1289, indiction III; or l'indiction III étant celle de l'année 1290, il suit que la nouvelle indiction avait commencé en septembre [2].

Un traité passé à Vienne entre le dauphin et le chapitre de Saint-Maurice est daté des 5 et 9 octobre 1291 [3], indiction V, laquelle correspond à l'année 1292.

Le testament d'un juge de la Terre de la Tour, passé à Crémieu, le 28 septembre 1317, porte la Ire indiction, qui est celle de 1318 [4]. Un autre acte passé à Crémieu, le 16 décembre 1325 et daté de l'indiction IX [5], qui est celle de l'année 1326, justifie la même conclusion que l'indiction avait commencé en septembre.

Les actes des notaires de la région sont datés de l'indiction du 24 septembre, même lorsqu'ils émanent de notaires instrumentant pour le dauphin. Ainsi faisaient Jean de Saint-Denis [6] et Humbert Pilat, quand ils habitaient le château de Beauvoir en Royans.

---

[1] L'indiction est assez rare dans les actes du XIIIe siècle publiés par M. C. Guigue dans son *Cartulaire Lyonnais*. Cependant on trouve des arguments négatifs contre l'indiction de décembre dans les actes 787, 798 et 850 (t. II, p. 483, 503, 585). Cf. Valbonnais, t. II, p. 111-112. — Ajoutons qu'à Vienne même l'indiction était rarement employée dans les actes de l'officialité (Arch. de l'Isère, G. Fonds de l'archevêché de Vienne).

[2] Arch. de l'Isère. B. 3163. Cf. Valbonnais, t. II, p. 51.

[3] *Ibid.*

[4] P. Guillaume. *Chartes de Durbon*. Paris, 1893, in-4°, n° 625.

[5] Valbonnais, t. I, p. 209. Un acte passé à La Balme en Viennois, le 3 des nones d'octobre 1301, porte l'indiction XV, qui correspond à l'année 1302 (Valbonnais, t. II, p. 97).

[6] Arch. de l'Isère. B. Chambre des comptes.

Un acte de ce dernier, daté du 22 décembre 1327, porte l'indiction XI, qui est celle de 1298 [1].

Toutes ces mentions chronologiques fournissent autant de preuves négatives en faveur des indictions de septembre, et très probablement en faveur de celle du 24 septembre; mais il n'est pas possible d'affirmer que l'indiction suivie ne soit pas parfois celle du 1ᵉʳ septembre [2].

Dans les comtés de Valentinois et de Diois, l'indiction la plus usitée est incontestablement celle du 24 septembre. On en trouve des preuves positives très nombreuses dans les cartulaires de la région.

Un acte de Jean, évêque de Valence est daté «Anno Incarnationis ejusdem 1242 indictione quinta [decima], *ipsa indictione mutata octavo kal. octobris* [3]».

L'acte 13 du cartulaire de Die [4] est daté : «anno Incarnationis.... 1293, indictione VIᵉ, *ipsa indictione mutata octavo kal. octobris*».

L'acte 9 du même cartulaire, émané de Guillaume de Roussillon, évêque de Valence et de Die porte la même mention : «Actum apud Diam,... pridie kal. januarii, anno Dominice Incarnationis 1298, indictione XIIᵉ, *ipsa indictione mutata octavo kal. octobris.*» Et en effet à 1298 correspond l'indiction XI [5].

Jusqu'au XVᵉ siècle [6], l'indiction du 24 septembre est la seule employée par les évêques de Valence. C'est aussi celles des comtes

---

[1] Valbonnais, t. II, p. 207.

[2] Un hommage prêté à Humbert Iᵉʳ, par Guiffrey de Viricu pour le château de Montrevel et divers autres fiefs dans la Terre de la Tour, passé le 10 des cal. d'octobre 1276, indiction V, fournit une preuve en faveur de l'indiction du 1ᵉʳ septembre, l'indiction V étant celle de l'année 1277. (Ul. Chevalier. *Inv. des Arch. des Dauphins de Viennois à Saint-André de Grenoble, en 1346*. Lyon, 1871, in-8°, p. 196, n° 1103.)

[3] Valbonnais, t. II, p. 63.

[4] *Cartulare civitatis Diensis*, pub. par l'abbé Ul. Chevalier *Bull. de l'Académie delphinale*). Doc. inéd., t. II, p. 122.

[5] *Cartulare civitatis Diensis*, p. 131.

[6] Voyez notamment la charte 75 du *Cartulaire du Bourg-lès-Valence*, publié par M. l'abbé U. Chevalier. Elle est datée : «Anno beatissimo Incarnationis dominice 1430, indictione nona et die 12ᵉ mensis decembris.» Or l'indiction IX est celle de l'année 1431.

de Valentinois. Une reconnaissance passée en faveur d'Aimar II de Poitiers est datée du 7 des ides [9] d'octobre 1292 [1], indiction VI « sumpto millesimo in Annunciatione Dominica et *ipsa indictione sumpta VIII° kal. octobris*. »

Une réquisition, adressée par le bailli du Valentinois au courrier épiscopal de Die, est datée du 21 juillet 1312 indiction XII « *ipsa indictione mutata octavo kalendas octobris* [2] ».

On trouve, il est vrai, dans le cartulaire de l'église de Die un acte passé à Presles, près Romans, entre l'évêque de Die, Humbert Ier, la dauphine Béatrix et André-Dauphin, son fils, lequel est daté du 1er octobre 1201 [3], indiction IV; or l'indiction IV étant celle de 1201, n'avait pas, par conséquent, changé de millésime en septembre. Ceci pourrait s'expliquer par l'intervention, dans cet acte, du dauphin, qui déjà, à cette date, employait fréquemment l'indiction de décembre; mais un autre acte du même cartulaire [4], passé à Die, par ordre du même évêque et daté du mois de novembre 1203, indiction VI [5], confirme qu'à cette époque dans le Diois on ne prenait pas l'indiction en septembre.

Dans les baronnies de Montauban et de Mévouillon, on trouve tous les modes de compter l'indiction, mais plus fréquemment le style du 24 septembre. Une reconnaissance de dette souscrite par Raymond de Mévouillon à un Florentin est ainsi datée : « Anno Dominice Incarnationis 1296, indictione X^e, scilicet anno (il faut probablement lire *nono*) kal. februarii, *ipsa indictione mutata octavo kal. octobris* [6]. »

Une quittance du même, datée du .o novembre 1319 porte l'indiction III, qui est celle de l'année 1320 [7].

Quelques actes paraissent datés de l'indiction du 1er septembre. Ainsi une vente du 7 septembre 1322 est datée de l'indiction VI, qui est celle de l'année 1323 [8].

---

[1] Archives de l'Isère. B. 3548.

[2] *Ibid.* B. 3565. Le calcul de l'indiction est erroné dans cette date; à l'année 1312 correspond l'indiction X.

[3] Ul. Chevalier. *Cart. de l'église de Die*, acte VIII (*Bull. de l'Acad. delphinal.*) Doc. inéd., II, 24. Cf. Valbonnais, I, 199.

[4] *Ibid.*, p. 41.

[5] L'indiction VI correspond à l'année 1203.

[6] Valbonnais, t. II, p. 109.

[7] Archives de l'Isère, B. 3674.

[8] *Ibid.*, B. 3675.

Enfin, c'est dans les Baronnies que nous trouvons l'affirmation positive d'une indiction du 25 mars, dont le commencement coïncidait avec celui de l'année prise à l'Incarnation, comme l'indiction du 25 décembre coïncidait avec le premier jour de l'année prise à la Nativité. M. l'abbé Ulysse Chevalier, dans son *Itinéraire des Dauphins de la 3ᵉ race* [1] a relevé la mention suivante, extraite d'un acte rédigé dans les Baronnies le 29 octobre 1300 : « *Sumpto millesimo quoad indictionem et Incarnationem simul in Annunciatione Dominica*. Cette indiction du 25 mars était connue. Les auteurs du *Nouveau traité de diplomatique* [2] ont rappelé que le pape Grégoire VII l'avait employée dans un acte du 10 des cal. d'avril 1073, qui est daté de la XIᵉ indiction et de la première année du Pontifical, c'est-à-dire du 23 mars 1074. Or l'indiction XI est celle de 1073.

L'acte cité par M. l'abbé Chevalier n'est pas le seul qui témoigne de la faveur dont jouit cette indiction du 25 mars dans les Baronnies. Un hommage prêté à Raymond de Mévouillon le 3 des nones de février, l'an de l'Incarnation 1267, porte l'indiction X, qui est celle de l'année 1267, et prouve que l'indiction de 1268 (n. st.) n'avait pas encore commencé [3].

Un albergement passé à Raynaud de Montauban, le jeudi lendemain de saint Antoine (18 janvier) « anno Domini 1284 » porte l'indiction XII. Or « anno Domini » doit être interprété ici par l'an pris au 25 mars (style florentin), attendu que le 18 janvier 1285 est précisément un jeudi. Dès lors l'indiction XII étant celle de 1284, il suit que l'indiction de 1285 n'avait pas encore commencé [4].

Un autre acte daté du 31 janvier 1317 (style du 25 mars), 1318, n. st. mentionne l'indiction XV qui est celle de 1317 [5].

Ce n'est pas seulement dans les Baronnies qu'a été employée l'indiction du 25 mars. On la trouve dans l'Embrunais [6]. Le Cartu-

---

[1] *Petite Revue Dauphinoise*, I, 89.
[2] T. V, p. 238, note 1.
[3] *Ibid.*, B. 3644.
[4] Arch. de l'Isère, B. 3542.
[5] *Ibid.*, B. 3674.
[6] Un acte passé à Chorges dans le palais archiépiscopal est daté : « Anno Incarnationis 1297, indictione Xᵃ » c'est-à-dire le 15 mars 1298, n. st. Or l'indiction X correspond à l'année 1297. (Valbonnais, II, 80.)

laire d'Oulx en fournit des exemples pour la région briançonnaise située sur les confins du Dauphiné et du Piémont[1]. On en relève des traces dans le Valentinois et le Diois.

Le testament de Louis II de Poitiers est ainsi daté : «Anno Incarnationis ejusdem Domini 1419, indictione decima, *cum eodem anno sumpta* et die jovis 22ᵉ mensis jugnii». Or il est établi, nous le verrons plus loin, qu'à cette époque dans le Valentinois, l'année commençait au 25 mars [2].

On en trouverait même à Grenoble au commencement du xvᵉ siècle, époque où le style de l'Incarnation y cède la place au style de la Nativité pour le commencement de l'année [3].

Enfin dans le Viennois et la Terre de la Tour, nous signalerons une mention relevée dans une donation consentie à la Balme-en-Viennois par Béatrix de Hongrie en faveur de ses fils Guigue VII et Humbert II, laquelle est ainsi datée : «Anno Incarnationis 1318, indictione secunda, *ipsa indictione cum millesimo mutata* et die 9ᵉ mensis marti [4]».

En résumé, l'indiction du 25 mars a pénétré dans toutes les régions du Dauphiné où l'on a pris pour le commencement de l'année la date du 25 mars.

Dans le Gapençais et l'Embrunais, les indictions du 1ᵉʳ et du 24 septembre semblent avoir été les plus usitées dans les documents datés du style de l'Incarnation; mais on trouve aussi fréquemment dans des actes du même style des preuves de l'emploi de l'indiction du 25 décembre. Cette dernière est la seule employée

---

[1] Voyez, par exemple, l'acte 59 passé à Oulx et daté du 3 des nones de janvier 1151 (pris à l'Incarnation) indiction XV; or 1151 correspond à l'indiction XIV. L'acte 87, daté du 5 des ides de janvier l'an de l'Incarnation 1193, porte l'indiction XI qui est bien celle de l'année 1193. Toutefois il se pourrait que dans ces actes le millésime de l'année fût pris à la Nativité, malgré la formule de l'Incarnation, ou au 25 mars suivant le rite pisan.

[2] Ul. Chevalier. *Cartulaire de Montélimar*. Montélimar, 1871, in-8°, acte 95, p. 245. Voyez aussi l'acte 49 du même Cartulaire, qui, s'il est vraiment daté du style du 25 mars, comme cela est démontré par la mention de la 2ᵉ année du pontificat de Clément VI, fournit un nouvel exemple de l'indiction fautive du 25 mars. (*Ibid.*, p. 121.)

[3] Un acte du 12 janvier l'an de l'Incarnation 1321, 1322, n. st. est daté de l'indiction IV, qui est celle de 1321. (Valbonnais, II, 164.)

[4] Valbonnais, t. II, p. 178. L'indiction II correspond à l'année 1319. Cette mention serait donc inexacte.

par les scribes qui font commencer l'année au 25 décembre [1]. Aussi un acte, rédigé à Embrun par ordre du dauphin Guigue, l'an de la Nativité 1259, le 8 des ides de décembre, est daté de l'indiction II, qui correspond à l'année 1259 [2].

Dans la région briançonnaise, les actes du cartulaire d'Oulx nous permettent de constater qu'on employait presque constamment l'indiction du 25 décembre ou du 1er janvier, soit dans les documents datés du style de la Nativité, soit dans ceux qui prennent le commencement de l'année au 25 mars (style florentin). Quelques documents douteux semblent datés du style pisan et de l'indiction du 1er ou du 24 septembre [3].

De cet exposé des usages chronologiques suivis dans les diverses parties du Dauphiné, on peut conclure, en ce qui concerne l'in-

---

[1] Exemples du style de septembre : n° 619 des *Chartes de Durbon* daté d'Aspres-sur-Buech le 18 novembre 1311, indiction X, qui est celle de 1312; — n° 702, daté du 13 septembre 1304, indiction III, qui est celle de 1305; donc l'indiction avait commencé le 1er septembre; — n° 664, daté du 1er septembre 1324, indiction VIII qui est celle de 1325, même conclusion que ci-dessus; — n° 510, daté du 15 novembre 1277, indiction V, qui est bien celle de 1277; donc l'indiction ne commençait pas en septembre; — n° 533, commencé le 20 juillet 1282, indiction X et achevé «eodem anno et indictione quibus supra, die martis post festum B¹ Mathey» (c'est-à-dire le 22 septembre); donc l'indiction n'avait pas changé du 20 juillet au 22 septembre et, par conséquent, elle ne se renouvelait pas le 1er septembre (Paul Guillaume, *Chartes de Durbon*) [diocèse de Gap]. Paris, 1893, in-8°. Voyez aussi l'acte 27 de l'appendice à l'*Histoire des Alpes* du P. Marcellin Fornier, publiée par M. l'abbé Guillaume (t. III, p. 364). Cet acte est daté du 31 octobre 1346, indiction XIV, laquelle est bien celle de l'année 1346.

[2] Archives de l'Isère. B. 3266.

[3] Exemples de l'indiction du 25 décembre avec le style de la Nativité pour le commencement de l'année, empruntés au Cartulaire d'Oulx : n° 55, acte passé à Suse daté «anno Nativitatis 1216, indiction IV», le 4 des nones de novembre : or à 1216 correspond l'indiction IV; — n° 150 daté *anno Nativitatis* 1218, indiction VI, 7 des ides de décembre : or l'indiction de 1218 est bien VI; — d'autre part, un acte passé à Briançon en novembre 1259 (à la Nativité) porte l'indiction II qui est bien celle de 1259. D'où il suit que l'indiction ne s'était pas renouvelée en septembre. (Archives de l'Isère. B. 3162.) — Exemples de l'indiction du 25 décembre avec le style florentin : acte 238 du Cartulaire d'Oulx passé à Turin et daté : «Anno ab Incarnatione 1058, le 3 octobre, indiction XI, laquelle correspond à l'année 1058; — acte 224 daté «anno Dominice incarnationis» 1167, le 11 novembre, indiction XV, laquelle est celle de 1167; — acte 236, daté du 6 septembre 1193, indiction XI, laquelle est celle de 1193. Ce dernier acte n'écarte que l'indiction du 1er septembre. (*Ulciensis ecclesiae Chartarium a imadversionibus illustratum*. Augustae Taurinorum, 1753, in-4°.)

diction, que, si l'on rencontre dans les cartulaires dauphinois des exemples de toutes les indictions connues, deux modes principaux s'y sont partagé la faveur des chancelleries et des notaires : le mode impérial du 24 septembre et le mode pontifical du 25 décembre; que l'indiction du 24 septembre a été la plus usitée dans les régions du Viennois, Terre de la Tour, Valentinois et Diois et Baronnies, tandis que l'indiction du 25 décembre était presque constante dans le Graisivaudan et le Briançonnais, et peut-être dans le Gapençais et l'Embrunais, et enfin qu'il faut tenir compte dans l'étude comparative des notes chronologiques dont sont datés les actes dauphinois, d'une indiction fautive du 25 mars dont on trouve particulièrement des traces assez nombreuses dans les baronnies de Montauban et de Mévouillon [1], mais qui a été aussi employée, à l'état exceptionnel, dans toutes les parties du Dauphiné où l'on commençait l'année au 25 mars.

II. — Du commencement de l'année en Dauphiné.

Aussi bien pour le commencement de l'année que pour l'indiction il est impossible de dire que le Dauphiné, pris dans son ensemble, c'est-à-dire en comprenant sous ce nom toutes les régions qui le composaient en 1790, a suivi exclusivement l'un ou l'autre des styles usités au moyen âge, 25 mars, 25 décembre, 1ᵉʳ janvier ou Pâques. Et au contraire on pourrait affirmer qu'il n'y eut jamais de style chronologique universellement adopté dans toute la province, et que chaque région, chaque chancellerie y conserva ses habitudes spéciales. C'est pourquoi, avant de formuler une conclusion générale, il importe d'étudier séparément les différents modes de commencer l'année suivis dans chacune de ces régions, dans chacune de ces chancelleries.

A Grenoble, les évêques antérieurs à saint Hugues, Humbert en 1012 [2] et Pons en 1076 [3], datent de l'Incarnation et très probablement du style florentin [4].

[1] Correspondant à l'arrondissement actuel de Nyons, et comprenant en outre quelques parties des cantons de Grignan et de Dieu-le-Fit. (Brun-Durand, *Dict. topogr. de la Drôme*, 1891, in-4°, p. 20).
[2] *Dic. eccl. Chartarium*, p. 196. Cf. *Gallia Christania*, t. XVI *Instrum.*, col. 78.
[3] Ul. Chevalier. *Cartul. de Saint-Chaffre*, p. 19. (*Bull. de l'Académie delphinale. Doc. inéd.*, t. II.)
[4] L'acte de Pons est daté du 2 des ides d'août, férie 6, mentions qui con-

Les actes du cartulaire de Domène, qui sont du xi⁰ et du xii⁰ siècle, sont également datés du style du 25 mars [1].

Les actes conservés dans les trois cartulaires de saint Hugues, et qui furent passés dans le cours des xi⁰ et xii⁰ siècles dans la région grenobloise, sont datés : « Anno Incarnationis » ou « Anno ab Incarnatione dominica ». Ces formules suffisent-elles à prouver que saint Hugues ait pris le commencement de l'année au 25 mars? Et, s'il l'a fait, est-ce d'après les règles du style florentin ou du style pisan? L'éditeur de ces cartulaires a cru pouvoir affirmer que saint Hugues adopta de préférence le style pisan, mais qu'il employa parfois le style florentin, et quelquefois le style de Noël [2].

On pourrait invoquer en faveur du style pisan les actes ci-après :

1° L'acte 3 du cartulaire A ainsi daté : « Data in capitulo Gratianopolim 11° kal. februarii, anno Incarnationis Dominice 1105, indictione XIII⁴ [3] ». L'indiction XIII correspondant à l'année 1105, il s'ensuit que, si le commencement de l'année est ici pris au 25 mars, c'est à la mode de Pise, c'est-à-dire au 25 mars de l'année précédente; mais cette date peut aussi s'expliquer par l'emploi du style de la Nativité;

2° L'acte 20 du même cartulaire A est daté : « Acta hec carta 12° kal. februarii, luna 25, anno ab Incarnatione Domini 1042 [4] ». Or la lune 25 correspond exactement au 21 janvier 1042. Donc il faut encore conclure en faveur du style pisan... ou de celui de Noël;

3° Le cartulaire d'Oulx contient un acte de saint Hugues daté de l'an de l'Incarnation 1106, indiction XIV, le 6 des ides de février, férie 6, lune 2 [5]. Or toutes ces indications chronologiques con-

cordent avec le vendredi 12 août 1076, ce qui écarte l'hypothèse du style pisan, d'après lequel le millésime de l'année devrait être ramené à 1075.

[1] *Cartulare monasterii beatorum Petri et Pauli de Domina.* Lugduni, 1859, in-8°. Voir notamment les nᵒˢ 17 (1106), 18 (1107), 33, 47, 56, 61, 64, 192. La charte 193 fournit la preuve que dans ces actes l'année est bien prise au 25 mars. Elle est en effet datée : « Anno 1082, 6 idus octobris, feria 2ᵃ luna 14ᵃ....., » et contient une mention finale portant confirmation de cet acte, laquelle est datée « feria 8ᵃ, 8° idus januarii, *eodem anno* ».
[2] Marion, *op. cit. Introduction*, p. 54.
[3] Marion, p. 8.
[4] Marion, *op. cit.*, p. 32.
[5] *Ulc. eccl. chartarium*, n° 247.

cordent avec le jeudi 8 février 1106. Il en résulte donc que cet acte est aussi daté ou du style pisan ou du style de Noël.

Ce qui fait naître nos hésitations entre ces deux modes de commencer l'année, c'est le grand nombre de preuves que nous trouvons dans ces cartulaires contre l'emploi du style pisan, affirmé par M. Marion. Ces preuves sont appuyées sur le raisonnement suivant : « Si c'est le style pisan qui est suivi par les clercs de saint Hugues et de ses prédécesseurs, il convient de rectifier, en le diminuant d'une unité, le millésime de tous les actes datés du 25 mars au 31 décembre. Or comme l'indiction correspondant à l'année pisane ne commence au plus tôt que le 1er septembre, il s'ensuit que tous les actes datés des jours et mois compris entre le 25 mars et le 1er septembre devront porter une indiction en retard d'une unité sur celle qui correspond réellement au millésime de l'année pisane. Ainsi un acte daté, d'après le style pisan, du 1er avril 1100 devra être ramené à l'année 1099 et porter l'indiction correspondante à 1099, qui est VII. Si donc cet acte est daté de l'indiction VIII, qui est celle de l'année 1100, nous serons en droit de conclure que l'acte a été réellement passé en l'année 1100, et par conséquent qu'il n'est pas daté suivant le style pisan.

Or nous trouvons précisément dans les cartulaires de saint Hugues une charte de cet évêque datée de l'année 1100, laquelle comprend en outre de nombreuses notes chronologiques. C'est la charte 109 du cartulaire B[1]. Elle est ainsi datée : « Facta carta ista 4° kal. augusti, anno ab Incarnatione Domini 1100, luna 18, indictione VIII, era 1138[2] ». Nous l'avons dit, si cet acte a été daté suivant le style pisan, le millésime de l'année doit être ramené à 1099. Or nous pouvons vérifier que l'indiction VIII correspond bien à l'année 1100, à l'année 1138 de l'ère d'Espagne et qu'en cette année le 4 des calendes d'août (29 juillet) était exactement le 18e jour de la lune. Donc la date de 1100 est bien exacte, et par conséquent cet acte n'est pas daté d'après le style pisan.

L'acte IX du cartulaire B[3] que nous avons invoqué déjà à propos

---

[1] Marion, *op. cit.*, p. 166.
[2] Dans le cartulaire, le millésime de l'ère d'Espagne est 1108 par suite de l'omission du mot *tricesima*, mais cette erreur évidente du scribe ne saurait infirmer la portée de notre démonstration.
[3] Marion, *op. cit.*, p. 87.

de l'indiction de septembre fournit une preuve identique. Il est daté du 23 novembre, l'an de l'Incarnation 1107, indiction I, c'est-à-dire du 23 novembre 1106, si le scribe a suivi les règles du style pisan. Or l'indiction de 1106 est XIV ou XV, en la supposant renouvelée en septembre, tandis que l'indiction de 1108, prise en septembre 1107, est bien l'indiction I. Donc cet acte ne peut être daté du style pisan.

L'acte VIII du même cartulaire [1], rédigé à Grenoble comme le précédent par le secrétaire ordinaire de saint Hugues, le chanoine Amatus, confirme notre démonstration. Il est daté du 3 des calendes d'avril (30 mars) 1108, indiction I, la 28ᵉ année de l'épiscopat de saint Hugues. Or nous l'avons vu, à l'année 1108 correspond exactement l'indiction I.

La charte 32 du même cartulaire B [2] émane aussi de saint Hugues et elle a été rédigée par le même Amatus; enfin elle a été passée à Grenoble. Or elle est datée du 3 des ides d'octobre 1101, indiction IX, et contient des notes chronologiques assez nombreuses, qui s'accordent, comme l'indiction, avec la date du 13 octobre 1101, et rendent impossible toute hypothèse de style pisan.

La charte 119 [3] du même cartulaire B a été passée à Grenoble. Elle est datée ainsi : « Facta est autem hec donatio sive wirpitio apud Gratianopolim, feria 5ᵃ 2° kal. maii, luna 16ᵃ, anno Incarnationis Dominice 1108, indictione Iᵃ ». Toutes ces notes chronologiques conviennent au 30 avril 1108, alors que, si l'on eut suivi le style pisan, elles devraient s'accorder avec le 30 avril 1107.

Ces exemples sont assez nombreux pour démontrer que le style pisan non seulement n'a pas été le plus fréquemment suivi par la chancellerie de Saint-Hugues, mais qu'il reste douteux qu'elle l'ait jamais employé. Et en effet les preuves que nous avons apportées en sa faveur peuvent aussi bien justifier le style de la Nativité, et seule la formule « Anno ab Incarnatione » est insuffisante pour établir une présomption en faveur du style pisan.

D'autre part, les preuves positives de l'emploi par la chancellerie de Saint-Hugues du style florentin sont rares et peu concluantes. L'acte 3 du Cartulaire B [4] est daté « Facta ista carta venditionis...

---

[1] Marion, p. 86.
[2] Ibid., p. 108. Cette charte a déjà été citée à propos de l'indiction.
[3] Ibid., op. cit., p. 175.
[4] Ibid., op. cit., p. 80.

4° idus martii, luna 8°, anno Incarnationis Dominice 1100, indictione vIII°, epacta 18°, concurrente 1°». Or, si l'indiction VIII correspond à l'année 1100, l'épacte et le concurrent s'accordent avec 1101, et le 4 des ides de mars est bien, en 1101, le huitième jour de la lune. Cet acte, rédigé par Amatus, serait donc daté du style florentin.

En dehors de cet acte unique, nous n'avons pas trouvé dans ces cartulaires — du moins dans les actes émanés de saint Hugues ou dressés par ses ordres — un seul autre argument en faveur du style florentin, et ceci nous autorise à conclure que saint Hugues, en dépit de la formule « Anno ab Incarnatione », a très probablement suivi le plus souvent le style de la Nativité.

Les évêques de Grenoble, successeurs de saint Hugues, conservèrent, durant un siècle, dans la date de leurs actes, la mention de l'Incarnation; ce qui ne signifie pas qu'ils aient toujours suivi le style du 25 mars. Déjà, en 1193, Jean de Sassenage date un acte du cartulaire des Écouges « Anno a Nativitate Domini »[1]. Vers 1245, à la formule de l'Incarnation est substituée celle de « Anno Domini », qui couvre également le style du 25 mars et celui du 25 décembre. Plus l'on avance dans le xiii° siècle, plus le style de la Nativité devient fréquent et, à dater de 1290[2], on peut dire que, sauf de rares exceptions en faveur du style florentin, il est de règle dans la chancellerie épiscopale de Grenoble[3].

Les comtes d'Albon de la première race emploient la formule « Anno ab Incarnatione », ce qui a permis de croire qu'ils prenaient le commencement de l'année au 25 mars; mais il est difficile de le vérifier, les mentions d'indiction qu'on trouve dans leurs actes

---

[1] Arch. de l'Isère, G. Fonds du chapitre de N.-D. de Grenoble n° 657. Cf. Auvergne, *Cartulaire des Écouges*, n° 13. (*Bull. de l'Académie delphinale. Doc. inéd.*, I, 99. — Un acte du même évêque, de la même année, est daté de l'Incarnation, d'après le style florentin (*Ibid*, n° 14, p. 102.).

[2] Voyez notamment un acte de Guillaume II de Sassenage ainsi daté : « Anno Domini 1290, indictione III°, die veneris in vigilia Epiphanie Domini ». Or, le 5 janvier 1290 est bien un vendredi, et 1290 correspond à l'indiction III. (Cart. d'Aymon de Chissé aux Archives de l'Isère.)

[3] Toutefois, un acte de l'officialité de Grenoble du 4 des nones de février 1299, indiction XI, est daté de l'Incarnation, l'indiction XI correspondant à l'année 1298. (Archives de l'Isère, B. 3163.)

étant presque toujours fautives [1]. Les deux époux de Béatrix, Taillefer [2] et Hugues III, duc de Bourgogne datent aussi de l'Incarnation, qui reste prépondérante dans la chancellerie des dauphins de la deuxième race (1193-1292) [3]. Toutefois, la formule de l'Incarnation devient plus rare sous le règne de Guigue VI (1237-1269) et fait place à celle de « Anno Domini », précisément à la même époque où cette transformation s'opère dans la chancellerie des évêques de Grenoble. Cette formule « Anno Domini » s'applique aussi bien au style de la Nativité qu'à celui du 25 mars [4]. Déjà, du reste, sous le règne de Guigue VI, nous trouvons des actes datés de la Nativité. Nous en avons cité précédemment deux, passés l'un à Embrun et l'autre à Briançon, par l'ordre et pour le compte de ce dauphin, lesquels sont datés «Anno Dominice Nativitatis 1259 [5] ».

Il convient de rappeler ici ce que nous avons précédemment dit à propos de l'indiction, que les dauphins des deux premières races n'avaient pas des habitudes chronologiques bien fixes, et qu'ils suivaient les usages des notaires qu'ils employaient ou des pays dans lesquels étaient passés leurs actes. Or, ils voyageaient beaucoup et résidaient fort peu à Grenoble. Ceci explique et justifie la judicieuse observation de M. l'abbé Ul. Chevalier, que les premiers dauphins de la troisième race, Humbert I et Jean II, conservèrent le style de l'Incarnation, mais que le style de la Nativité devint plus fréquent, *surtout à Grenoble* [6].

[1] Un acte du cartulaire d'Oulx, passé à Vizille, près Grenoble (n° 239) et daté «Anno Incarnationis Dominice 1131, 5° nonas martii, 3ª feria» semble bien devoir être ramené au style de la Nativité, en dépit de la formule de l'Incarnation, le 5 des nones de mars 1131 étant exactement un mardi (feria 3ª).

[2] P. Guillaume. *Chartes de Durbon*, n° 160, p. 124.

[3] Ul. Chevalier. *Itinéraire des Dauphins de la deuxième race*. (*Petite Revue dauphinoise*, t. Iᵉʳ, p. 56.)

[4] Voyez notamment (Valbonnais, II, p. 21) un acte daté «Anno ejusdem 1258, indictione Iª, 4° kal. martii». Si cet acte était daté du style du 25 mars, le millésime de l'année devrait être reporté à 1259; or l'indiction I correspond à l'année 1258.

[5] Arch. de l'Isère, B. 3266 et 3162. Un hommage prêté en 1282 en Graisivaudan est daté «Anno Nativitatis». (Valbonnais, I. 20.)

[6] Ul. Chevalier. *Itinéraire des Dauphins*. (*Petite Revue dauphinoise*, t. I, p 107.) — Un échange conclu à Vienne, où l'on suivait le style florentin, entre Humbert Iᵉʳ de la Tour et Dreux de Beauvoir, est daté du mercredi 4 des kal. de janvier 1277, indiction VI, qui correspond exactement au 29 décembre 1277 (pris à l'Incarnation); l'indiction VI, qui est celle de 1278, étant commencée depuis le 24 septembre 1277.

Dans cette ville et dans la région grenobloise, dès le commencement du xiv⁰ siècle, le style de la Nativité est le plus usité. Il triomphe définitivement dans les dernières années du règne de Jean II (1314-1317), et surtout à l'avènement de Guigue VII (1319-1333)[1]. Depuis lors, il fut le seul suivi par la chancellerie des dauphins et par les grands corps administratifs et judiciaires créés à Grenoble par Humbert II[2]. C'est pourquoi il fut appelé le style delphinal.

Cependant on a observé avec raison que, durant son administration en Dauphiné, le dauphin Louis (depuis Louis XI) conserva, en ce qui concerne le commencement de l'année, les habitudes chronologiques de la cour de France, c'est-à-dire le style de Pâques[3].

A Vienne et dans la Terre de la Tour, le style de l'Incarnation à la mode florentine ne fut jamais abandonné. Il y fut adopté dès une très haute antiquité. Le concile de Mantaille et les actes de la chancellerie des rois de Bourgogne sont datés d'après ce style. Un acte du cartulaire de Saint-André-le-Bas, de 1075, dont la date est en vers, laisserait supposer qu'on a pu dater à cette époque d'après le style de la Nativité; mais M. l'abbé Ul. Chevalier a fait observer avec raison que de la concordance des autres notes chronologiques contenues dans cette date il résultait que l'année y était prise au 25 mars[4].

Dans un acte donné à Vienne le 7 des calendes d'avril 1303, la date est commentée en ces termes : «Et est sciendum quod data incipit in Annunciatione Dominica *secundum consuetudinem ecclesie Viennensis*[5]». Et cet usage persista même après la réunion du Dauphiné à la France et l'adoption définitive, par la chancellerie des dauphins, du style du 25 décembre. Un acte de 1449 est daté de

---

[1] La mention «Hic mutatur millesimus» se trouve en tête d'un cahier du notaire delphinal, Humbert Pilat, avant un acte du 6 janvier 1328, l'acte précédent étant du mois de septembre 1327. (Archives de l'Isère, B. 2609, fol. 72.)

[2] Ul. Chevalier. *Itinéraire du dauphin Humbert II.* (*Bull. de la Soc. d'archéologie de la Drôme*, t. XX, p. 333.)

[3] Ul. Chevalier. *Itinéraire de Louis XI dauphin.* (*Petite Revue dauphinoise*, t. I, p. 24).

[4] Ul. Chevalier. *Cartulaire de Saint-André-le-Bas de Vienne*, Lyon, 1869, in-8°, p. 166.

[5] Valbonnais, t. II, p. 113. — Nous trouvons cependant dans le même auteur (t. II, p. 430-432) un acte de l'archevêque de Vienne, Bernard, donné à Seyssuel le 9 mars «anno a Nativitate 1341».

« l'an de l'Incarnation à l'usage de Vienne [1] ». En 1546, à la Côte Saint-André, en Viennois, on datait encore de l'année 1546 « prins à l'Incarnation [2] ».

L'usage de commencer l'année au 25 mars persista dans le Viennois, la Terre de la Tour et le Viennois-Valentinois jusqu'à la réforme de Charles IX, et jamais le style delphinal ne put l'y supplanter [3].

Le Valentinois et le Diois restèrent également fidèles au style de l'Incarnation, qui fut constamment employé, tant par les évêques de Valence et de Die que par les comtes de Valentinois, sous la formule « Anno ab Incarnatione Domini », ou « Anno Verbi Incarnati » ou enfin « Anno Domini ». Cette dernière devient la plus fréquente à dater du xiiie siècle [4].

Une reconnaissance passée en faveur du comte de Valentinois, Aimar IV, le 9 octobre 1292, porte la mention « Sumpto millesimo in Annunciatione Dominica et *ipsa indictione sumpta octavo kal. octobris* [5] ».

Aux xive et xve siècles, le style florentin persiste dans la région valentinoise. En voici quelques exemples empruntés au cartulaire du Bourg-lès-Valence [6] :

1° L'acte 63 débute ainsi : « Anno Domini 1344 et die 12e mensis decembris... » et plus loin on lit : « Postquam, *anno quo supra* et die 14e mensis januarii » ; et plus loin encore : « *anno quo supra* et die 15e mensis febroarii [7] » ;

[1] Archives de l'Isère, B. 3429. Voir aussi les protocoles de Jean Barbarin, notaire de Vienne, de 1383 à 1389, datés du style florentin. (Arch. de l'Isère, E. notaires.)

[2] *Ibid.*, B. 3440.

[3] Les actes de Dauphin, notaire à Crémieu, et de Pierre de la Rovère, notaire à Venissieux, au commencement du xviie siècle, sont datés constamment du style du 25 mars. Toutefois, un acte de 1436, rédigé par ordre du châtelain de Saint-Symphorien d'Ozon, est exceptionnellement daté « Anno Domini 1436 a Pascate sumpto ». (Archives de l'Isère, B. 3424 et série E. notaires.)

[4] Voyez les Cartulaires de Saint-Pierre du Bourg-lès-Valence, de Montélimar, de l'église et de la ville de Die, publiés par l'abbé Ul. Chevalier.

[5] Archives de l'Isère, B. 3548.

[6] L'acte 66 du Cartulaire de Montélimar confirmerait sur ce point les données fournies par le Cartulaire du Bourg-lès-Valence. Il est en effet daté « Anno Incarnationis... 1374, indictione xiiie et die 5e mensis martii », c'est-à-dire le 5 mars 1375, nouv. style, l'indiction xiii correspondant à l'année 1375.

[7] Ul. Chevalier. *Cartul. du Bourg-lès-Valence*, p. 113.

2° L'acte 72 du même cartulaire, daté « Anno Dominice Incarnationis 1404 et die 13° mensis decembris... » contient ensuite la mention : « postquam, *anno proxime dicto*, et die 21° febroarii [1] » ;

3° L'acte 77, daté « Anno salutifere Incarnationis Dominice 1432, indictione XI° et die 9° mensis februari », vise une procuration passée le 6 décembre 1432. D'autre part, l'indiction XI est celle de 1433 [2].

Les mêmes constatations pourraient être faites au xvi° siècle et prouveraient la persistance du style florentin dans le Valentinois. Ce mode de commencer l'année était employé même par les officiers delphinaux lorsqu'ils exécutaient des ordres du gouverneur du Dauphiné, lesquels étaient datés du style de Noël. Ainsi nous voyons le procureur fiscal de la cour de Crest accomplir, le 26 février 1490 « ab Incarnatione sumpto » une mission à lui donnée par le Gouverneur du Dauphiné, le 7 février 1491 « a Nativitate sumpto » [3].

Les mêmes conclusions peuvent être appliquées aux baronnies de Montauban et de Mévouillon. Le style du 25 mars y a été de tout temps prépondérant et même après la réunion de cette principauté au Dauphiné, les officiers delphinaux continuèrent à y dater du style florentin. C'est dans un acte de cette région que M. l'abbé Ul. Chevalier a relevé la mention que nous avons citée à propos de l'indiction du 25 mars : *Sumpto millesimo quoad indictionem et Incarnationem simul in Annunciatione dominica* [4].

Dans le Gapençais, M. l'abbé Guillaume, éditeur des chartes de Durbon et de Bertaud, a observé que le style le plus couramment employé, du xii° au xv° siècle, était le style florentin. Toutefois il a constaté quelques cas du style de Noël et aussi, peut-être, des traces du style de Pâques [5]. Le style de Noël apparaît surtout vers le milieu du xiv° siècle, sans détrôner cependant de suite le

---

[1] Ul. Chevalier, p. 129.
[2] *Ibid.*, p. 145.
[3] Archives de l'Isère, B. 3510.
[4] *Petite Revue dauphinoise*, t. I, p. 89. On trouvera des preuves de la persistance du style florentin dans les Baronnies dans Valbonnais, t. II, p. 109 et 110, et aux Archives de l'Isère, B. 3680.
[5] *Chartes de N.-D. de Bertaud*, publiées par l'abbé Paul Guillaume, Gap et Paris, 1888, in-8°, Introduction p. xlviii. M. l'abbé G. a renvoyé aux numéros des chartes de son recueil qui justifient son affirmation. *Le Cartulaire de Durbon*, publié par le même M. Guillaume, confirme ce qu'il a dit de la prédominance du style florentin dans le diocèse de Gap. Voir notamment les n°° 502, 503, 511, etc. Dans ce dernier cartulaire il n'y a pas dix actes datés de la Nativité, et encore

style florentin, car au xv° siècle un grand nombre de notaires du Gapençais prennent encore le commencement de l'année au 25 mars, tandis que d'autres adoptent le style delphinal [1].

A dater de 1530-1540, ce dernier style est le seul en usage en Gapençais.

Les archevêques d'Embrun, du xii° au xv° siècle, ont employé presque constamment le style du 25 mars, soit sous la formule *Anno ab Incarnatione*, soit sous celle *Anno Domini*, plus fréquente à dater du milieu du xiii° siècle [2].

Dans la première moitié du xv° siècle, ils datent encore de l'Incarnation, témoin un acte daté du lundi 6 mars, *anno Domini* 1440, qui doit être reporté au 6 mars 1441, lequel est précisément un lundi, tandis que le 6 mars 1440 est un dimanche [3].

C'est vers cette époque que le style de Noël semble prendre la prépondérance en Embrunais, où il avait été déjà employé, mais à titre exceptionnel, dès la seconde moitié du xiv° siècle [4]. Les procès-verbaux d'élection et de prestation de serment de l'archevêque Jean Baile nous fournissent pour la même année des exemples de l'emploi de l'un et de l'autre style. Le procès-verbal de l'élec-

plusieurs de ceux-ci sont passés en dehors de Gap ; à Domène dans le Graisivaudan, ou à Mens dans le Trièves. Seul le n° 773 du 4 février 1452 est passé à Gap et émane de l'Officialité.

[1] Archives de l'Isère. E. Fonds des notaires. Cf. Archives des Hautes-Alpes. Des renseignements fournis par l'obligeance de mon érudit collègue M. l'abbé Guillaume, il résulte que suivent le style de l'Incarnation les notaires Melchior Truchet, de Veynes (1477-1484), Jean d'Abon (1458), Repelin (1465), Nicolas Chassepoul (1488-1491), Antoine Farel (1492), Antoine Buset (1507), Richard Cotin (1509), Arey du Four (1534-1538), Gaucher Farel (1525-1528), tous de Gap. Par contre suivent le style de la Nativité, les notaires Jean Colin (1488), Claude *Fabri* (1492), Jean *Charbithiati* (1494), Ant. *Bovati* (1517), Damien Calbe (1541), Pierre Queyrel (1543-1555), Gilles Charles (1568), tous de Gap, et d'autres notaires de Serre, de Veynes et de Ventavon.

[2] Cf. *Ulciensis eccl. Chartarium*, n°° 69, 184, 186, 187, 188 et 189. *Histoire générale des Alpes-Maritimes* de Marcellin Fornier, publiée par M. l'abbé Paul Guillaume, t. III, Paris-Gap, 1892, in-8°. Appendice *passim* ; et Valbonnais, t. II, p. 188. Toutefois, un acte de Lantelme, archevêque d'Embrun, daté du 11 des calendes de février 1084, lune 9, indiction VII, semble daté du style de la Nativité, l'indiction VII correspondant à l'année 1084. Le jour de la lune est inexact pour 1084 comme pour 1085, mais il se rapproche plus de la vérité pour 1084. (*Ulc. Chart.*, charte 188, p. 156.)

[3] *Histoire générale des Alpes*, t. III, p. 374.

[4] M. l'abbé Guillaume a bien voulu me signaler des chartes datées de la Nativité et passées à Embrun les 17 août 1364 et 3 avril 1367 ; à Guillestre, en 1408 et 1429 ; à Château-Queyras, en 1429.

tion est daté *Anno Incarnationis 1457, indictione Vᵃ cum eodem anno sumpta et die 18ᵃ mensis febroarii* [1]. L'indiction V correspondant à l'année 1457, on serait en droit de croire que l'année dans cette date a été prise à la Nativité, ce que justifierait encore la formule de l'indiction *cum eodem anno sumpta* particulière à l'indiction du 25 décembre. Mais, d'autre part, nous souvenant que l'indiction a été parfois prise en Dauphiné au 25 mars, avec le commencement de l'année florentine, il est permis de supposer que le rédacteur de cet acte a employé cette indiction spéciale, et de reporter cette date au 18 février 1458. Ce qui justifierait cette hypothèse, qui peut paraître hasardée, c'est que la prestation de serment de Jean Baile est datée du 3 mai 1458 suivant le « style de la Nativité » expressément indiqué dans la formule : *Anno ejusdem Nativitatis 1458, indictione VIᵃ cum ipso anno sumpta, die vero mercurii numerata tertia mensis maii* [2].

Quoi qu'il en soit, depuis le milieu du xvᵉ siècle, le style de la Nativité devint usuel dans les chancelleries embrunaises et le style du 25 mai n'y fut plus employé qu'à l'état exceptionnel dans quelques chartes qui ne dépassent pas le troisième quart du xvᵉ siècle. Au xviᵉ siècle, on n'emploie plus à Embrun que le style de Noël [3].

A Briançon et dans la région briançonnaise, le style de la Nativité semble avoir été en usage dès une époque très reculée. En effet, bien que le cartulaire d'Oulx nous donne, dans un grand nombre d'actes du xiiᵉ siècle, la formule de l'Incarnation, il résulte de la comparaison des dates de ces actes avec l'indiction — si l'on écarte l'hypothèse peu vraisemblable du style pisan [4] — que les computistes de l'abbaye d'Oulx prenaient plus fréquemment le commencement de l'année au 25 décembre [5]. Et cela est assez na-

---

[1] *Histoire générale des Alpes*, t. III, p. 378.
[2] *Ibid.*, p. 382.
[3] Observations relevées par M. l'abbé Guillaume dans les chartes de Guillestre. Cf. un acte des Archives de l'Isère (B. 3732) donné à Montorsier en 1491, et un autre passé à Embrun en 1525, tous deux datés de la Nativité. En 1549, le notaire Martin, d'Embrun datait : « L'an de grâce 1549, *prins à la Nativité de N.-S.* », (Archives de l'Isère, E. notaires.)
[4] Contre l'hypothèse du style pisan, on peut invoquer entre autres les actes 133, 135, 149, 168 et 204 du *Cartulaire d'Oulx*.
[5] Voir *Ulc. Chart.*, nᵒˢ 59, 83, 84, 94, 96, 100, 105, 145, 183, 194, 198, 207, 223, 238, etc.

turel, ces actes ayant été rédigés dans une région voisine de l'Italie où le style de la Nativité fut très en faveur du ix° au xiii° siècle [1].

A Oulx, ce style apparaît dès la fin du xii° siècle [2]. A Suse, il est affirmé par la formule *Anno a Nativitate* dès les premières années du xiii° siècle, en 1205 [3]. A Briançon, on ne constate pas cette formule avant 1225 [4]; mais dès lors on la trouve constamment.

CONCLUSION.

L'usage de commencer l'année au 25 décembre, désigné sous le nom de style delphinal, n'a jamais été universellement adopté en Dauphiné. Le Viennois, le Valentinois et Diois, les Baronnies sont toujours restés fidèles au style du 25 mars, dit florentin, et aussi, quoique d'une façon moins absolue, le Gapençais et l'Embrunais qui ne l'ont abandonné que tardivement.

Le style delphinal a été donné au Dauphiné par l'Italie, et il est arrivé à Grenoble par la route de Briançon. C'est dans ce pays, la plus ancienne possession des comtes d'Albon, que nous le trouvons dès la fin du xii° siècle. Les évêques de Grenoble l'emploient à la même époque, et il semble même que saint Hugues ait daté de ce style les actes de ses cartulaires. En tous cas la chancellerie épiscopale de Grenoble l'accepte la première vers 1290.

Quant aux dauphins, qui lui ont donné leur nom, il suivirent d'abord les règles chronologiques du style du 25 mars, et ne se rallièrent définitivement au style de la Nativité que dans les premières années du xiv° siècle.

Enfin on observera que les mêmes parties du Dauphiné qui ont suivi le style du 25 mars pour le commencement de l'année ont employé l'indiction du 25 septembre, tandis que l'indiction du 25 décembre se rencontre dans les régions qui ont pris à cette date le commencement de l'année.

[1] Giry, *Manuel de diplomatique*, p. 109.
[2] *Ulc. Chart.*, charte 83.
[3] *Ibid.*, charte 80.
[4] *Ibid.*, chartes 185, 21...

www.ingramcontent.com/pod-product-compliance
Lightning Source LLC
Chambersburg PA
CBHW070454080426
42451CB00025B/2727